Sieglinde Holl

Freude am Frühling

Ideenreicher Osterschmuck

frech-verlag

ISBN 3-7724-1248-3 · Best.-Nr. 1248 · © Copyright 1988 by Frech

2. 3. 4. 5. Auflage
Erste Zahl maßgebend

frech-verlag

Jahr: 1993 92 91 90 89
Letzte Zahl maßgebend

Printed in Western Germany · Druck: Frech, Stuttgart-Weilimdorf

Ostern ist ein Fest der Freude und der frischen Farben. In dieser Stimmung schmücken wir unser Heim. Das Buch will Ihnen originelle und attraktive Kreationen nahebringen.

Natürlich können dieselben Dekorationen auch als Geschenk für Freunde und Bekannte gefertigt werden.

Die meisten Modelle sind österlich gestaltet, jedoch kann jedes mit wenigen Handgriffen fürs ganze Jahr umgestaltet werden.

Ich wünsche Ihnen viel Freude beim Basteln und viele neue Ideen für den Schmuck Ihres Heimes.

Sieglinde Holl

Türschmuck

(Abb. seihe Seite 1)

Material:

Holzstab, 10 × 10 mm, 40 cm lang
Buchs
Bindedraht
Schleifenband rosa, 16 mm breit, 6 m lang
Ammobien rosa
Erika weiß
Moosröschen weiß
6 Schmetterlinge rosa
2 Baumpilzvögel
Korkenzieherhaselast
Dschungelmoos oliv

Anleitung:

Von beiden Seiten aus den Buchs und kleine Sträußchen Ammobien zur Mitte hin mit Bindedraht um den Holzstab binden.
Die Erika dazwischenkleben.
In der Mitte die entstandene Lücke mit Moosröschen und einer großen Schleife abdecken.
Rechts und links die Aufhängung einstecken und mit kleinen Schleifen verzieren.
Den Korkenzieherhaselast einstecken und die Vögel daran befestigen.
Die Schmetterlinge unterschiedlich hoch einstecken und einen am Band festkleben.

Vogelnest

(Abb. siehe Seite 2)

Material:

Vogelnest
Federvogel rosa
Erika weiß
Adianthum
Beeren rosa, burgund
Knöterich rosa
Moosröschen weiß
Straußgras rosa
Satinband, 6 mm breit, rosa
Perlkette weiß
Dschungelmoos oliv
Steckschaum

Anleitung:

Die Stiele von Trockenblumen bündeln und in die Öffnung des Nestes kleben, darauf einen Vogel setzen.
Einen kleinen Steckschaumwürfel auf das Nest kleben. Eine Schleife mit Aufhängung in den Steckschaum kleben. Diesen rundum mit Blüten und Blättern abdecken. Das angedrahtete Kettenband seitlich einstecken.

Plastikeier dekoriert

Material:
Plastikei
Steckschaum
Blüten
Litze gelb
Birkenlaub
Federn
Islandmoos
Vogel gelb und weiß

Anleitung:
Steckschaum in die Eihälfte kleben, mit Moos abdecken und Vogel und Blüten einstecken.
Das Band um das Ei kleben und oben eine Schleife ankleben.

Weidenring mit Hase

Material:
Weidenring gelb, 12 cm ∅
Wollhäschen weiß
Ginster weiß
Steckschaum
Stoffvergißmeinnicht weiß
Ei gelb und Lavella oliv
Islandmoos maigrün
2 m Satinband weiß, 3 mm breit

Dekorierte Glasglocken und Hähne

Material:

Glasglocken
Glashähne
Litze gelb
Blüten weiß
Blüten gelb
Federn
Straußgras
Birkenlaub

◁ **Anleitung zu Glasglocken und Hähne:**
Die zu dekorierenden Teile werden zuerst an den Bändern aufgehängt, dann mit Blüten und Gräsern verziert.
Die Plastikeier und -herzen zum Öffnen werden zum Teil innen, zum Teil außen mit Blüten, Bändern und Gräsern geschmückt.
Wird das Ganze mit kleinen Vögeln oder Schmetterlingen verziert, erreicht man eine frühlingshafte Note.

Anleitung zu den Eierbäumchen:
Das Steckei in den mit Steckschaum gefüllten Keramiktopf kleben, mit Moos abdecken und die Blüten einstecken.
Vorher wurde die Stoffmanschette aufgezogen und der Stiel mit Floristenband umwickelt. Schleifen binden und von beiden Seiten einkleben und zum Schluß Küken und Blüten auf die Manschette kleben. Und fertig ist die Dekoration.

Eierbäumchen mit Manschette, eine nette österliche Tischdekoration

Material:
Keramiktopf weiß, 5 cm ∅
Steckschaum
Steckeier
Minimargeriten
Chenille-Küken weiß
Trollblüten gelb
Birkenlaub
Islandmoos grün
Stoffmanschette weiß, 8 cm ∅
1,5 m Satinband, 3 mm breit, weiß
Erikamoos oliv
Floristenband grün

Osterei aus Dschungelmoos

Material:

Drahtei oder 2 Drahtringe
Dschungelmoos
4 oder 5 weiße Eier
Margeritenzweig
10 kleine weiße Steckeier
Federn weiß
Ginster weiß
1 Chenille-Küken
4 Schmetterlinge aus Strumpfgewebe
Lavella weiß
Schneeglöckchen weiß
Gitterband weiß
2 m Satinband, 15 mm breit, weiß
2,5 m Satinband, 3 mm breit, weiß

Anleitung:
Wie Osterkranz aus Dschungelmoos.

Elfenbäumchen

(Abb. siehe Seite 9)

Material:
Strohteller
2 Steckschaumkugeln, 7 cm ∅
Steckschaum
Islandmoos gelb
Anaphalis weiß
Blütenrispe weiß
Erikamoos oliv
Tulpen gelb, mini
Lavella natur
3 Elfen
Holzbrett, 6 × 4,5 cm
35 cm Litze braun
Bindedraht
Ast

Anleitung:
Litze um das Holzbrett kleben, Enden andrahten und diese rechts und links in den Kugeln befestigen.
Den zugeschnittenen Steckschaum auf den Strohteller kleben. Zwei Äste der Korkenzieherweide, ca. 24 cm lang, darin befestigen. Die Steckschaumkugeln obenauf stecken. Kleine Büschel Erikamoos andrahten und gleichmäßig verteilt in die Kugel stecken. In die Zwischenräume Moos, Seidenblumen und Broom Bloom verteilt einstecken. Anaphalis haben keinen kräftigen Stiel und lassen sich besser kleben als stecken.
Mit den restlichen Materialien den Steckschaum abdecken. Zwei der Elfen auf den Teller kleben und eine auf die Schaukel.
Diese besteht aus einer Holzplatte 4,5 × 6 cm, die an einer braunen Litze aufgehängt wird.

Hut

Material:
Strohhut, 35 cm ∅
6 Häkeldeckchen, 15 cm ∅
Cupblume burgund
Briza gebleicht
Lagurus gebleicht
Lavella burgund
Straußgras grün
Everlasting weiß
Big Flower burgund
Satinband, 15 mm breit, burgund

Anleitung:
Zuerst die Häkeldeckchen auf den Hut kleben, dann das Band um den Hut legen und ankleben. Eine dreifache Schleife legen und am hinteren Hutteil fixieren. In die Mitte eines jeden Deckchens drei Köpfe der Cupblume kleben, dazwischen die übrigen Trockenblumen, so daß rundum ein Blütenkranz entsteht.

Kleiderbügel

Material:
Kleiderbügel aus Holz
Cupblume burgund
Lagurus gebleicht
Briza gebleicht
Straußgras grün
Lavella burgund
Satinband, 15 mm breit, burgund

Anleitung:
Alle Materialien auf eine Länge von ca. 20 cm zuschneiden.
Den Bügel von außen nach innen mit Trockenblumen umbinden. Mit der gebleichten Briza beginnend, abwechselnd helle und dunkle Teile verwenden. Vier Schleifen binden und mit Draht in der Mitte des Bügels befestigen.

Heutropfen österlich

Material:
Heutropfen
2 Tauben rosa
Islandmoos grün
Straußgras grün
Adianthum grün
Usambaraveilchen rosa
Gänseblümchen rosa-weiß
Erika weiß
Vergißmeinnicht rosa
Margeriten weiß
Chenilleküken rosa
5 Dekoeier weiß, 3 cm
Satinband, 16 mm, rosa
Steckschaum

Anleitung:
Den Heutropfen am Satinband aufhängen. Neben dem Band eine Dekoration anbringen aus zwei Tauben, Usambaraveilchen, Erika, Islandmoos und zwei Eiern. Auf der unteren Seite Steckschaum in den Heutropfen kleben. Diesen mit Islandmoos abdecken. Die Blüten, Gräser und Eier in den Steckschaum stecken, das Küken in die Mitte kleben. Eine große Schleife andrahten und von unten in den Steckschaum stecken.

Duftiger Osterkranz *(Abb. siehe S. 6)*

Material:
Weidenkranz weiß, 25 cm ∅
Lockenschilf schattenpink
Schleierbinse schattenpink
Canella schattenrosa
Immortellen flieder
Statice sinuata flieder
Netzblätter altrosa
2 Tauben altrosa
6 Eier, 6 cm, aubergine
14 Eier, 4 cm, weiß
Satinnoppenband, 5 mm breit
Satinband, 25 mm breit, rosé

Anleitung:
Den Weidenkranz an 4 mal 1,20 m Satinband aufhängen. Die gleiche Menge Satinnoppenband dazunehmen, unten mit einer Schleife am Aufhängeband befestigen, nach oben ziehen und mit dem Satinband verknoten.
Zwei große Schleifen binden und vor dem Aufhängeband am Kranz befestigen. Alle Eier an ca. 45 cm Satinnoppenband knüpfen, das andere Ende des Bandes andrahten und in Gruppen am Kranz befestigen. Vier Eier in die obere Mitte hängen. Die Schleierbinse und den Lockenschilf um den Kranz legen, in kurzen Abständen am Kranz festkleben. Canella, Trockenblumen und die Tauben in der Nähe der Aufhängung im Kranz festkleben oder mit Draht befestigen.

Anleitung siehe Seite 13

Anleitung siehe Seite 16

Eulen im Vogelkäfig

(Abb. siehe Seite 15)

Material:
Vogelkäfig weiß, 45 × 30 cm
2 große rosa Eulen
Steckschaum
Briza segrum oliv
Isolepsis oliv
Islandmoos maigrün
Seidenblüten weiß
Anaphalis rosé
Korkenzieherhasel
Briza max. rosé
3 m Schleifenband rosé
2 Schmetterlinge rosé

Anleitung:
Zuerst den Steckschaumwürfel in die Mitte des Käfigs kleben, darin den Zweig der Korkenzieherhasel befestigen und die Eulen in verschiedenen Höhen daraufkleben.
Hinter die Eulen die Gräser und einen Blütenzweig einstecken, im Vordergrund Blütentuffs und Moos zur Abdeckung des Steckschaumes benützen.
Isolepsis über die Schere ziehen, damit sie eine Krümmung bekommen, und so im Steckschaum befestigen, daß sie über den Käfig hängen.
Nun auf dem Käfig rechts und links einen kleinen Würfel Steckschaum kleben, mit Moos abdecken, Gräser und Blüten einstecken und je einen Schmetterling und eine Schleife anbringen.

Osterglocke

(Abb. siehe Seite 17)

Material:
Drahtkrone
Dschungelmoos oliv
2 Chenille-Hähne
Maiglöckchen
2 Vögel weiß
Federn weiß
10 Minieier weiß
4 m Veloursfaden rot
7 m Schleifenband, 10 mm breit, rot
Bindedraht

Anleitung:
Die Drahtkrone locker mit Dschungelmoos umwickeln, an 1 m Band aufhängen, einen großen Schleifentuff binden und oben einstecken.
Zwei kleinere Schleifentuffs binden und an zwei sich gegenüberliegenden Verstrebungen einstecken.
Auf die vier Waagrecht-Verstrebungen wird abwechselnd ein Hahn oder ein Vogel geklebt, an die Senkrecht-Verstrebungen die Maiglöckchen und Federn.
Immer zwei Minieier zusammen mit einem Veloursfaden unten an der Glocke aufhängen.

Dekorierte Nester

Ob am Osterzweig oder übers Jahr, als Raumschmuck bringen sie Abwechslung und eine besondere Stimmung in unser Heim.

Material für Binsennest:
Tauben gelb
Minieier gelb
Federn weiß
Gänseröschen weiß
Islandmoos hellbraun
Stiele von Trockenblumen
Veloursband gelb

Material für rosa Küken im Nest: ▷
Binsennest, 12 cm ∅
Küken rosa
4 Holzeier mini, rosa
Usambaraveilchen rosa
Glixia oliv
Straußgras rosé
Federn weiß
Samtband, 7 mm breit, rosa
Steckschaum

Material für Kornnest:
Küken im Ei
Küken gelb
Immortellen braun
Straußgras natur
Erika gelb
Briza max.
Isolepsis gelb
Lagurus gelb
Wolle gelb, ungesponnen
1 m Samtband, 7 mm breit, braun
Steckschaum

Anleitung:
Zuerst wird das Nest am Samtband mit Klebstoff befestigt, dann die Schleifen gebunden und seitlich festgemacht.
Alle Teile im Nest mit Klebstoff befestigen, den Steckschaum mit Moos abdecken.

Schirmchen, als Nest dekoriert

Material:
Dekoschirm weiß
Steckschaum
Islandmoos maigrün
2 Chenille-Enten gelb
Schmetterling gelb
Glockenblümchen weiß
Federn weiß
Birkenzweige
2 m Noppenband gelb, 5 mm breit
2 Eier gelb

Anleitung:
Steckschaum in den Schirm kleben, mit Moos abdecken, Enten draufsetzen und festkleben. Die übrigen Materialien dazustecken und vorn und hinten je einen Schleifentuff einstecken.

Storchennest

Material:
Weidenkranz gebleicht, 15 cm ∅
Chenille-Storch
Binsennest, 8 cm ∅
2 weiße Eier
Immortellen rot
Glixia weiß
Agrostis seg. oliv
2 Stoffblätter
Federn weiß
3 m Schleifenband,
1 cm breit

Schwan im Korb

Material:
Weidenkorb hellblau
1 Schwan
2 Vergißmeinnichtrispen
Sternblüte hellblau
Steckschaum
Straußgras grün
Ginster weiß
Wolle hellblau, ungesponnen

Anleitung: wie Spankörbchen.

◁ ## Dekorierte Eier und Herzen

Material:
Plastikeier / Plastikherzen
Steckschaum
Blüten und Ilex
Vögel / Schmetterlinge
Glasperlen
Noppenband rosé
Birkenlaub
Federn
Islandmoos

Rosenkorb im goldenen Rahmen

Das Besondere an diesem Bild ist der Hintergrund, der aus einem Häkeldeckchen besteht, das auf die Pappe des Bilderrahmens mit Leim aufgeklebt wird.
Das Körbchen ist ein halbierter Reisstrohhut, der mit einer Samtschleife verziert wird.
Miniröschen und grünes Straußgras werden in Form eines Straußes in den Steckschaum gesteckt.

Acrylglaskörbchen

Material:
Acrylglaskörbchen
Straußgras grün
Federn
Glixia gelb
Steckeier klein
Stoffblüten weiß
Chenille-Küken gelb
Schmetterlinge weiß
Satinband gelb,
3 mm breit
Immortellen weiß
Steckschaum

Anleitung:
Dieses Körbchen ist schnell gefertigt.
Zuerst geben Sie etwas Steckschaum in das Körbchen, dann befestigen Sie in der Mitte das Steckei und rundum das Moos und die Blüten. An beiden Seiten nun eine Schleife und zum Schluß das Küken und den Schmetterling aufkleben.

Eierkranz *(Abb. siehe Seite 27)*

Material:
8 weiße Plastikeier
Birkenlaub
Minimargerite gelb
Trollblume gelb
Big Flower gelb
6 m Satinband, 3 mm breit, gelb
Steckschaum
Bindedraht

Anleitung zum Eierkranz:
Die Plastikeier an beiden Enden aufbohren, Bindedraht durchziehen und die Enden verdrehen. An dieser Stelle einen Würfel Steckschaum ankleben und diesen mit Blüten und Birkenlaub bestecken.
Sechs Schleifen binden und zwischen die Eier kleben, den Draht mit Blüten abdecken. Satinband um den Draht legen und Kranz aufhängen, oben – in der Mitte – eine kleine Blütendekoration anbringen.
5 × 20 cm Satinband andrahten und am unteren Blütentuff einstecken.

Osterkranz hängend, rosa

Material:
Holzwollekranz rosa, 25 cm ∅
Steckschaum
Islandmoos maigrün
3 Vogelnester mit rosa Vögeln
Lavella altrosé
Briza max. altrosé
Anaphalis weiß
Isolepsis rosa
Federn weiß
9 Babyrosen rosa
Immortellen rosa
6 Holzeier
4 Holzglocken
4,50 m Noppenband, 20 mm breit
6 m Satinband, 3 mm breit

Anleitung:
3 × 1,50 m Noppenband zuschneiden und damit den Kranz aufhängen. Drei Würfel Steckschaum auf den Kranz kleben und mit Moos abdecken. Nester in den Steckschaum stecken und die übrigen Materialien rund um das Vogelnest dekorieren. Isolepsis an beiden Seiten andrahten und bogenförmig über das Nest stecken. Satinband an den Eiern und Holzglocken festkleben, Klebestellen mit Immortellen abdecken, dann je zwei Eier an dem Noppenband festbinden und die Holzglocken verschieden hoch in der Mitte der Aufhängung befestigen.

Osterei dreistöckig

Material:
3 Drahteier
Dschungelmoos altrosé
9 Eier rosé, 4 cm lang
8 Schmetterlinge
Glixia rosé
Seidenblüten rosa
Vogelnest
Islandmoos rosa
2 Eulen rosa
Schleifenband transparent, rosa, 15 mm breit
Bindedraht

Anleitung:
Zuerst werden alle Drahteier mit Dschungelmoos umwickelt, dann der Größe nach miteinander verbunden und mit Band aufgehängt. Ebenfalls aus Schleifenband einen Tuff binden und auf dem obersten, kleinen Ei einstecken.

Jeweils vier Schmetterlinge am mittleren und großen Ei festkleben.
In das unterste, größte Ei wird das Nest geklebt, die beiden Eulen hineingesetzt und festgeklebt; Klebestellen mit Islandmoos abdecken.

In das mittlere Ei werden zwei Eier hineingesteckt, in das oberste, kleinste Ei wird ein Ei mit Klebstoff fixiert. Die Verbindungsstellen der Eier werden mit Seidenblumen und Glixia ausgeschmückt.

Am unteren Ei werden die mit Band versehenen Eier in verschiedenen Höhen festgebunden.

Heukranz österlich

Material:
Heukranzrohling, 20 cm ∅
Steckschaum
2 Steckformen Hase, rosa
Erika rosa
Straußgras grün
Gänseröschen rosé und weiß
2 Eier weiß und 2 Eier rosa
1,50 m Noppenband,
5 mm breit, rosa
1,50 m Schleifenband,
3 cm breit
Isolepsis grün und Federn

Osternest

Material:

Strohkranz, 25 cm ∅
Korkenzieherhaselzweig
Isolepsis oliv
Straußgras oliv
Lavella gelb
Islandmoos maigrün
Steckziegel
Birkenlaub
2 Chenille-Küken gelb
Vogelnest mit 2 weißen Vögeln
Rotdorntuff gelb
Federn weiß
4 Steckeier weiß
3 Steckeier gelb, 4 cm
3 Steckeier gelb, 5,5 cm
1 Steckei weiß, 5,5 cm
2 Steckformen Küken
2 Steckformen Hasen
Gänseblümchen weiß – gelb
Zeichenkarton

◁ **Anleitung zum Osternest:**
Aus dem Zeichenkarton einen Kreis von 23 cm ∅ ausschneiden und auf die Unterseite des Kranzes kleben. Die Mitte mit Steckschaum ausfüllen, diesen mit Islandmoos abdecken.
Den Korkenzieherhaselzweig im hinteren Teil einstecken und festkleben, rechts und links vom Zweig die Gräser einstecken.
Den rechten Teil des Nestes stufenförmig mit den Eiern bedekken, rechts und links davon die Steckformen anbringen. Die Blüten schön verteilt dazwischenkleben; zum Schluß das Vogelnest auf dem Ast befestigen.

Hühnerhaus

Material:
Holzfenster, 21 × 32 × 4 cm
8 Hähne und Hennen
Holzeier mini
Straußgras oliv
Federn weiß
Stoffblüten burgund
Sternblüten weiß
Dschungelmoos oliv

Eine lustige Dekoration und leicht zu fertigen, da alles nur in das Holzfenster geklebt wird.

Obststeigen dekoriert

Material für erste Steige:
Obststeige, 10 × 6,5 × 3,5 cm
Steckschaum und Islandmoos
Straußgras
Holzeier mini
Rotdorntuff gelb
Lavella gelb
Glixia gelb
Chenille-Gans

Material für zweite Steige:
Obststeige
Steckschaum und Islandmoos
Straußgras
Immortellen rot
Stoffblüten weiß
Federn weiß
Holzeier mini
Hahn und Henne weiß

Anleitung: wie Spankörbchen.

Dekorierte Spankörbe

Material für großen Korb:
6 Eier weiß, 1 Spankorb
2 Chenille-Hasen gelb
2 Häkeldckchen, 12 cm ∅
Steckschaum
Islandmoos gelb
Briza max. oliv
Anaphalis burgund
Isolepsis burgund
60 cm Samtband, 5 mm breit
1 m Satinband,
15 mm breit, gelb

Material
für kleineres Körbchen:
1 Spankörbchen
1 Taube gelb
4 Marienkäfer
60 cm Baumwollspitze
Steckschaum
Islandmoos maigrün
Immortellen gelb
Anaphalis burgund
Federn weiß
3 Steckeier gelb
Straußgras grün

Die Körbchen werden mit Steckschaum gefüllt; dieser wird mit Islandmoos abgedeckt und die Materialien – wie auf dem Bild gezeigt – eingesteckt bzw. angeklebt.

Rosa Bäumchen

Material:
Keramikschale rosa, 20 cm ∅
Steckschaum
Steckschaumkugel, 9 cm ∅
Spagnummoos
Verticordia browneii
Anaphalis rosa
Steinchen weiß

Canariegras-Baum

Material:

Canariegras altrosé
Steckschaumkugel, 12 cm ∅
Islandmoos rosé
Everlasting weiß
Keramikschale grau, 20 cm ∅
2 Vögel rosé
Steckschaum
Ast

Anleitung:
Unteres Drittel der Kugel abschneiden. Am oberen Scheitelpunkt der Kugel mit den kürzesten Rispen des Canariegrases beginnen.

Fenster mit Vogelnestern

Material:
Metallfenster, 40 × 25 cm
6 Vogelnester
Minimargeriten
Federn weiß
Satinband,
15 mm breit, gelb
Paillettenband gelb
Bindedraht
Erikamoos oliv

Anleitung:
Das Gestell mit Erikamoos umbinden, mit dem Satinband aufhängen und oben und unten die angedrahteten Schleifen anbringen. Vogelnester, Federn und Blüten einstecken und mit Klebstoff fixieren.

Kleiner Vogelkäfig

Material:
Vogelkäfig weiß
1,50 m Veloursband beige
1 m Satinband braun
2 Paradiesvögel
1 Ginster beige
6 Monetablätter
Steckschaum
Islandmoos hellbraun
Dschungelmoos braun
Big Flower natur

Anleitung: wie Eulen im Käfig.

Osterbaum

Material:

Keramikschale, 27 cm ∅
Steckschaum
Holzrundstab, 65 cm lang, 10 mm ∅
Holzrundstäbe, 4 mm ∅
Steckschaumkugel, 20 cm ∅
Lipidium grün
Mohnkapseln natur
Statice tat.
Briza max. rosé; med. rosé
Straußgras rosé
Agrostis natur hell
Big boton altrosé
Isolepsis oliv
Broom Bloom oliv
Verdicordia browneii rosé
Baumrinde
Primel rosa
Usambaraveilchen rosa
Gänseblümchen rosa-weiß
Stoffröschen weiß
Babyröschen rosa
Beerenpick rosa
Dschungelmoos oliv
Karoband pastell, 37 mm breit
Ripsband, 7 mm breit, rosa
Schleifenband mit Bogen rosa
8 Eier, 6 cm, altrosa
3 Eier, 3 cm, weiß und rosa
Weidenkörbchen
Kornnest
2 fliegende Vögel rosa
2 Chenille-Hähne weiß

Anleitung:
Die Keramikschale mit Steckschaum füllen. Den mit Karoband umwickelten Holzrundstab in die Mitte kleben. Die Kugel auf den Stab stecken, am oberen Scheitelpunkt mit dem Bestecken beginnen. Immer gruppenweise die Trockenblumen gleichmäßig verteilt in die Kugel stecken. Das Isolepsisgras andrahten und dazwischenstecken. Zur farblichen Auffrischung die Seidenblumen dazu dekorieren. Einen Vogel in das Nest kleben, den anderen andrahten und in die Kugel stecken bzw. aufkleben. Das Ripsband an die Eier knüpfen, das andere Ende andrahten und von unten in die Kugel stecken. Aus dem Schleifenband vier Schleifen andrahten und dazustecken. Aus den Rundstäben zwei Gartenzäune fertigen und in den Steckschaum stecken, dahinter Trockenblumen, davor Stoffröschen stecken. Die Hähne auf die Rinde kleben, die Eier einstecken und das gefüllte Körbchen auf den Steckschaum kleben. Den übrigen Steckschaum vollständig mit Dschungelmoos abdecken.

Erntekrone aus Trockenblumen

Material:
Drahtkrone
Straußgras rosa und oliv
Briza max. rosa und oliv
Erikamoos oliv
Glixia rosé
Lagurus rosé
Cupblume rosé
5 m Veloursband altrosé
Bindedraht

Anleitung:
Alle Trockenblumen auf ca. 6 cm kürzen. Zuerst die Längsverstrebungen von unten nach oben umbinden, dann den unteren Ring.
Mit 1 m Band die Erntekrone aufhängen und aus 4 m Band einen großzügigen Schleifentuff binden und oben einstecken.

Wandzopf gebunden (Buschen)

Material:
Holzstab, 40 cm lang,
8 mm stark
Bindedraht
Statice tat.
Lagurus rosé
Rhodante weiß
Pavao
Phleum gebleicht
Straußgras rosé
Satinband, 3 cm breit

Anleitung:
Alle Trockenblumen auf eine Länge von 20 cm kürzen; am besten vorher anfeuchten, damit sie beim Binden nicht brechen.

Es wird pyramidenförmig gebunden. Die Blumen sollten in der Mitte höher sein als an den Seiten, so daß schließlich am Ende die Form eines Halbkreises entsteht.

5 cm vor Ende des Holzstabes das Binden beenden, eine großzügige Schleife binden (den Draht etwas länger lassen), an den Holzstab legen und mit Floristenband abbinden.

Am oberen Ende des Holzstabes als Aufhängung eine Drahtschleife anbringen.

Weidenring gebleicht, mit Hasen

Material:
Weidenring gebleicht, 12 cm ∅
2 Chenille-Hasen
Lavella rost
Islandmoos maigrün
Briza natur max.
Congonha grün
Glixia grün
Veloursband oliv
Steckschaum

Weidenring natur, mit Henne

Material:
Weidenring natur, 12 cm ∅
Henne weiß
Lavella gelb
Islandmoos gelb
Big Flower gelb
Birkenlaub
Satinband, 3 mm breit, gelb

Gesteckter Strauß

(Abb. siehe Seite 45)

Material:

1 Brautstraußhalter
1 passende Manschette
2 m Schleifenband, 25 mm breit, gelb
Straußgras grün
Anaphalis weiß
Nelken aus Seide
Seidenrosen gelb, gefüllt
Glixia weiß
Statice tatarica
3 Chenille-Steckhasen

Anleitung:

Diesen Strauß kann jeder stecken. Wir beginnen mit den 5 Nelken, die gleichmäßig verteilt in die Steckmasse des Straußhalters gesteckt werden, danach die Seidenrosen, Glixia und Straußgras büschelweise andrahten und dazwischenstecken. Die noch verbleibenden freien Stellen mit Staticen ausfüllen und zum Schluß die angedrahteten Schleifen und Hasen einstecken.

Thymiankorb österlich

Material:

Thymiankorb
Steckschaum
Immortellen rosé
Erika rosé
Straußgras maigrün
Isolepsis maigrün
Seidenmargeriten rosé
Ginster rosé
2 Schmetterlinge rosé
1 Vogel rosé
2 m Satinband, 25 mm breit
3 Steckeier, rosé
Bindedraht

Anleitung:

Steckschaum zuschneiden und in den Korb stecken. Rechts und links den Ginster, das angedrahtete Straußgras und das Isolepsis einstecken. Die abgeschnittenen Stiele der Trockenblumen bündeln und in den Steckschaum stecken, darauf den Vogel kleben, dahinter die Margeriten und 3 Eier stecken. Eine große Schleife legen, andrahten und am vorderen Rand einstekken. Immortellen haben einen schwachen Stiel und müssen daher geklebt werden. Die Schmetterlinge werden am Henkel des Korbes festgeklebt.

◁ *Thymiankorb mit Steckschaum*

Osterkranz grün-rot

Material:
Holzwollekranz grün, 25 cm ∅
8 rote Steckeier, 4 cm groß
4 Chenille-Hähne
8 Chenille-Marienkäfer
Immortellen rot
Stoffblätter grün
Federn weiß
4 m Schleifenband
transparent, grün